Marion Radermacher

AUF DEN FLÜGELN DER ERINNERUNG

Marion Radermacher

Auf den *Flügeln* der Erinnerung

Geschichten und Lieder für Menschen mit Demenz

francke

Über die Autorin:
Marion Radermacher, Jahrgang 1963, ist von Beruf Krankenschwester und arbeitet in der ambulanten Demenz-Betreuung. Sie ist verheiratet und Mutter von drei Kindern.

Bibliografische Information Der Deutschen Bibliothek
Die Deutsche Bibliothek verzeichnet diese Publikation in der Deutschen Nationalbibliografie; detaillierte bibliografische Daten sind im Internet über http://dnb.ddb.de abrufbar.

ISBN 978-3-86827-570-4

35037 Marburg an der Lahn
Umschlagbild: pixabay / Cornelia Gerhardt
Umschlaggestaltung: Verlag der Francke-Buchhandlung GmbH / Sven Gerhardt
Satz: Verlag der Francke-Buchhandlung GmbH
Printed in Czech Republic

www.francke-buch.de

Inhalt

Das Vogelhäuschen

Schon seit vielen Jahren stand das alte Vogelhäuschen im Garten. Herr Schulze hatte es selbst gebaut – ganz stabil aus gutem Holz und mit Teerpappe auf dem Dach. Es stand mitten auf der Wiese, sodass man es vom Küchenfenster aus gut sehen konnte. Im Winter füllte Herr Schulze jeden Morgen eine Schale mit Vogelfutter und gab noch Rosinen und Nüsse mit dazu. Dann zog er sich den Mantel an und stapfte mit seinen hohen Stiefeln durch den Keller hinter das Haus und versorgte das Vogelhäuschen. Bald darauf sah man schon die ersten hungrigen Gäste herbeifliegen und schnell gab es ein munteres Treiben. Herr Schulze liebte es, den vielen Spatzen, Meisen und Finken vom Küchenfenster aus zuzusehen.

Besonders viel Freude machte es ihm, wenn sein kleiner Enkel Anton neben ihm auf einem Bänkchen stand und eifrig mit den Fingern gegen die Fensterscheibe tippte. „Opa, da – ein großer Vogel!“, rief er dann ganz aufgeregt, wenn auch einmal eine Amsel an das leckere Futter wollte.

„Ja, lass sie nur", sagte Herr Schulze, „sie hat ebenso viel Hunger wie die anderen auch."

„Aber sie ist doch schon so dick", beschwerte sich Anton.

„Oh nein", lachte Herr Schulze, „sie hat sich nur wegen der Kälte so dick aufgeplustert."

So vergingen die Tage und Wochen und der Winter neigte sich dem Ende entgegen. Allmählich füllte Herr Schulze nicht mehr so viel Futter in das Vogelhäuschen, denn so langsam konnten sich die Vögel wieder daran gewöhnen, auch in der freien Natur etwas zu finden. Nur dem Anton wollte das gar nicht gefallen. „So wenig Körner, Opa!", beschwerte er sich und machte sich seine eigenen Gedanken.

Am nächsten Tag brachte er eine kleine Geldmünze mit und legte sie auf den Küchentisch. „Opa, kauf neue Körner – ich helfe dir auch!"

Herr Schulze war ganz gerührt, dass Anton sein Taschengeld für die Vögel hergeben wollte. Aber es war nun schon einmal März und da war es mit dem Füttern bald vorbei. „Ich habe da eine andere Idee", sagte Herr Schulze und nahm Anton auf seinen Schoß, „wir legen dein Geld und meins zusammen und kaufen ein bisschen Holz. Daraus bauen wir beide einen Nistkasten und hängen ihn hinten im Garten an einen Baum. Da können die Vögelchen dann ein Nest darin bauen und ihre Eier hineinlegen. Und bald gibt es dann kleine, weiche Vogelküken – was meinst du?"

„Oh ja, das machen wir!" Begeistert klatschte Anton in

die Hände und fröhlich stimmte Herr Schulze das bekannte Liedchen an:

„Alle Vögel sind schon da,
alle Vögel, alle!
Welch ein Singen, Musizier'n,
Pfeifen, Zwitschern, Tirilier'n!
Frühling will nun einmaschier'n,
kommt mit Sang und Schalle."[1]

---

1 Den kompletten Liedtext finden Sie auf Seite 72.

Kalenderblätter

Jeden ersten Samstag im Monat bekommt Frau Burger Besuch von ihrer Enkelin Annika. Das ist immer ein schöner Tag für die beiden. Es wird gemalt oder gebastelt, gesungen und gespielt. Und da Annika letztes Jahr in die Schule gekommen ist, will sie ihrer Oma auch zeigen, wie gut sie schon lesen gelernt hat. Jeden Monat geht es ein bisschen besser und bald kann sie bereits eine ganze Geschichte alleine vorlesen. Frau Burger hat viel Freude an der Kleinen. Auch das Kochen übernehmen sie gemeinsam. Annika schneidet das Gemüse vorsichtig in kleine Stückchen, rührt aufmerksam im großen Topf die Suppe um und schlägt dann mit dem Mixer die Sahne für den Nachtisch.

„Wunderbar!", lobt Frau Burger, „du bist wirklich schon eine große Hilfe." Und Annika strahlt über das ganze Gesicht.

Nach dem Essen ruht sich Frau Burger ein wenig aus

und Annika schaut sich Bücher an oder stromert durch Omas Haus, ob es etwas Neues zu sehen gibt. Am liebsten mag sie die Kalender, die in verschiedenen Zimmern hängen und die sie bei jedem Besuch für den neuen Monat umschlagen darf. Im Flur hängt ein Tierkalender und Annika ist jedes Mal gespannt, welches Tier sie nun zu sehen bekommt. Ah – heute ist es ein niedliches Kätzchen unter einem rosa Blütenzweig. In der Küche hängt ein Kalender mit Teddybären – da gibt es für diesen Monat einen dicken braunen Bären auf einem Fahrrad zu sehen. Und auf dem Kalender im Esszimmer findet sie einen bunten Blumenstrauß vor. „Mai“, liest Annika laut vor, „Oma, es ist Mai!“

„Ja, genau, der Wonnemonat Mai“, stimmt Frau Burger ihr zu. „Und sieh nur, wie die Sonne lacht, da ist es Zeit für den Spielplatz, was meinst du?“

Aber Annika schaut gar nicht glücklich aus, obwohl sie doch sonst so gern mit Oma nach draußen geht.

„Nanu“, wundert sich Frau Burger, „was ist denn los? Du wirst doch nicht etwa krank werden?“

Annika schüttelt den Kopf. „Die Bäume“, flüstert sie und schmiegt sich eng an Oma heran, „die Bäume, die schlagen uns doch jetzt.“

„Was sagst du da?“ Frau Burger versteht nicht ganz. „Die Bäume schlagen? Wie kommst du denn darauf?“

„Aber das singst du doch immer, Oma: Die Bäume schlagen aus!“

„Ach“, da fällt es Frau Burger ein und sie lacht laut heraus: „Das meinst du:

Der Mai ist gekommen,
die Bäume schlagen aus,
da bleibe, wer Lust hat,
mit Sorgen zu Haus!
Wie die Wolken dort wandern
am himmlischen Zelt,
so steht auch mir der Sinn
in die weite, weite Welt.[2]

Aber mein Liebchen, damit ist etwas ganz anderes gemeint! Wenn die Bäume ausschlagen, dann bekommen sie Knospen und Blüten und Blättchen. Im Winter sind sie ganz trocken und dürr, aber im Frühling erwacht die Natur und alles blüht und grünt! Da brauchst du keine Angst zu haben – pass auf, ich zeig es dir gleich draußen einmal."

Da ist Annika ganz erleichtert, dass sie sich nicht fürchten muss, und zieht schnell ihre Schuhe an. Draußen auf dem Spielplatz nimmt Frau Burger einen blühenden Zweig in die Hand und zeigt Annika alles noch einmal ganz genau: „Schau nur, der Baum tut uns nichts. Er ist nur wunderhübsch mit seinen vielen Blüten. Da siehst du, wie sehr Gott die Menschen liebt, dass er alles so schön hergerichtet hat!"

2 Den kompletten Liedtext finden Sie auf Seite 73.

Im Wald

Förster Friedrichs wohnt in einem hübschen Haus am Waldesrand. Das Haus ist schon sehr alt, dort hatten bereits seine Eltern, Großeltern und Urgroßeltern gewohnt. Die Männer waren allesamt Förster gewesen. Das Haus hat schöne, hohe Fenster und an der rechten Seite ein kleines Türmchen und natürlich ein Hirschgeweih über der Eingangstür. An der Auffahrt entlang stehen uralte, mehrere Meter hohe Pappeln, die so schön rauschen, wenn der Wind durch die Zweige streicht. Diese Auffahrt sind früher Kutschen mit stolzen Pferden heraufgekommen. Aber das ist lange her. Seitdem hat sich vieles verändert. Es gibt Autos und Trecker und im Haus Telefon, Fernseher und einen Computer. Ohne den geht es bei den jungen Leuten gar nicht mehr. Und die haben einiges vor.

Sohn und Enkel wollen umbauen und anbauen – sie haben allerhand Pläne. Das behagt unserem Förster gar nicht so sehr; es wird ihm so manches Mal zu viel. Da flüchtet er sich doch lieber in seine geliebte Natur. Die bleibt ihm beständig.

Und so manchen Abend, wenn es anfängt zu dämmern, begibt er sich mit seinem Dackel Waldi auf eine Runde durch den Wald. Ach, wie gut das tut! Hier kann er tief durchatmen! Welch ein wohliger Geruch nach Moos, Rinde und Erde kommt ihm da entgegen. Hier hat er seine Ruhe und trifft alle paar Meter auf seine altbekannten Bäume und Sträucher. Ab und zu huscht ein Mäuschen über den Weg. Waldi flitzt eifrig hin und her, denn überall gibt es Spuren von Kaninchen und anderen Tieren zu erschnüffeln. Da! Auf einmal wird er ganz aufgeregt und bellt laut los! Was hat er denn nur? Ah, er hat einen Fuchsbau entdeckt! Das ist natürlich etwas Besonderes!

Förster Friedrichs muss seinen Dackel jetzt an die Leine nehmen, denn Waldi würde am liebsten in den Fuchsbau hineinkriechen. „Lass den Reinecke mal in Ruhe!", ruft der Förster. „Der soll nur aufpassen, dass er vom Dorf wegbleibt! Dort gibt es Hühner und Gänse, und da wollen ihn die Leute natürlich nicht bei sich haben! Sonst ergeht es ihm hinterher noch so wie in dem alten Lied:

„Fuchs, du hast die Gans gestohlen,
gib sie wieder her,
gib sie wieder her!
Sonst wird dich der Jäger holen
mit dem Schießgewehr.
Sonst wird dich der Jäger holen
mit dem Schießgewehr."[3]

---

3 Den kompletten Liedtext finden Sie auf Seite 75.

Nun ist es schon recht dunkel geworden und Förster Friedrichs begibt sich auf den Heimweg. Morgen früh, noch vor dem Frühstück, will er wieder hierherkommen, denn er liebt nun einmal seinen Wald. Vielleicht auch deswegen, weil er dort immer wieder an den Schöpfer im Himmel erinnert wird, der alles so wunderbar geschaffen hat. Und weil er weiß, dass Gott treu und beständig ist, auch wenn sich in der Welt so vieles verändert.

Gute, alte Zeit

Frau Lorenz liebt es, von der guten, alten Zeit zu erzählen. „Ja, bei uns damals“, sagt sie gerne zu allen, die es hören und auch nicht hören wollen. Aber so im Geheimen muss sie doch zugeben, dass auch die neue, moderne Zeit ihre Vorzüge hat. Schon am frühen Morgen kann sie sich von dem Segen der Elektrizität überzeugen, wenn sie nicht erst nach Streichhölzern für eine Kerze oder nach der Petroleumlampe suchen muss, sondern einfach „klick“ den Lichtschalter anknipsen kann. Im Bad geht es weiter. Anstatt aufwändig den alten Boiler anzuheizen, kommt jetzt wie von selbst warmes Wasser aus dem Hahn. Auch das Zähneputzen geht mit der elektrischen Zahnbürste einfacher, seit ihre Hände immer wieder vom Rheuma heimgesucht werden. In der Küche reichen ein paar Griffe und schon läuft der Kaffee durch die Maschine und ein wunderbarer Geruch breitet sich aus. Dazu ein knuspriges Toastbrot aus dem Automaten und frische Marmelade aus dem Kühlschrank. Wie gut, dass sie dafür nicht mehr in den kalten Steinkeller hinunterlaufen muss.

Für eine wohlige Wärme von der Heizung braucht es nun keine Kohlenschlepperei mehr, sondern es reicht das Drehen am Thermostat. Und für ihr Mittagessen muss sie auch nicht mehr den alten Kachelofen anfeuern, sondern einfach die Knöpfe am Elektroherd drücken. Und wenn Frau Lorenz schließlich am Nachmittag in der Waschküche ihre Wäsche in die Maschine sortiert, dann ist sie doch ganz erleichtert darüber, dass jetzt nicht noch die ganze Plackerei vor ihr liegt, die der große Waschtag immer mit sich brachte. Da lacht sie denn über das ganze Gesicht und singt lustig vor sich hin:

„Zeigt her eure Füße, zeigt her eure Schuh,
und sehet den fleißigen Waschfrauen zu!
Sie waschen, sie waschen, sie waschen den ganzen Tag!
Sie waschen, sie waschen, sie waschen den ganzen Tag!“[4]

Ja, diese Mühen sind vorbei und Frau Lorenz freut sich über die neue, moderne Zeit!

4 Den Liedtext finden Sie auf Seite 76.

Am Ententeiher

Draußen vor der Stadt gibt es einen kleinen Weiher. Ringsherum wachsen Bäume, Sträucher und Blumen wild durcheinander. Aber an einer Stelle befindet sich ein freier Platz mit einer gemütlichen Bank. Wenn das Wetter es zulässt, kommt Frau Kindel jeden Tag hierher und genießt die Ruhe und die schöne Aussicht. Oft hat sie auch etwas altes Brot dabei, denn auf dem Weiher gibt es allerhand Enten, die sich darüber freuen. Heute ist auch ihr Enkelchen Martin mit von der Partie. Martin kann es kaum erwarten, bis Oma endlich die Tasche mit den Brotresten geöffnet hat, und singt die ganze Zeit:

„Alle meine Entchen
schwimmen auf dem See,
schwimmen auf dem See,
Köpfchen in das Wasser,
Schwänzchen in die Höh!“[5]

---

5 Den kompletten Liedtext finden Sie auf Seite 77.

Nun kann es endlich losgehen und der Kleine packt sich beide Hände voll mit Brotkrumen. „Na aber, nun mal langsam!“, ruft Frau Kindel, aber Martin hört in seinem Eifer gar nicht mehr hin. Hui, da fliegen die Brotstückchen in hohem Bogen durch die Luft, denn das Werfen muss der Kleine erst noch üben. Manche Brocken liegen im Gras, manche auf der Bank und andere landen im Wasser.

Hungrig kommen die Enten herbeigeschwommen und schnappen sich, was sie kriegen können. Weil sie aber dabei zu nahe an ihn herangeraten, bekommt es Martin mit der Angst zu tun. „Oma! Oma!“, schreit er und rudert mit den Armen. Frau Kindel versucht, die Enten zu vertreiben, aber das ist nicht so einfach, denn die wollen noch an das Brot auf der Bank herankommen. Frau Kindel läuft hierhin und dorthin, scheucht und ruft und wedelt mit der Tasche. Dazwischen ertönt immer wieder Martins Geschrei.

Und dann kommt es, wie es manchmal kommen muss. Pardauz – der Kleine landet „platsch“ im Wasser! So schnell sie kann, eilt die Oma heran und fischt ihn wieder heraus. Oh weh, oh weh, die beiden geben nun ein recht klägliches Bild ab. Martin ist klatschnass und Frau Kindels helles Sommerkleid ist von triefenden Schlammspuren übersät. Aber sonst ist nichts passiert und die Sonne scheint wärmend vom Himmel herunter. „Alles nur halb so schlimm!“, lacht Frau Kindel, „ein Bad tut bei dieser Hitze auch einmal gut!“ Aber so schnell wird sie den Kleinen nicht mehr an den Weiher mitnehmen, das weiß sie genau!

Ruhestörer

Herr Kuhn liebt die Ruhe. Morgens schläft er gerne ein kleines bisschen länger, mittags hält er auf dem Sofa ein Schläfchen, und abends ist er bereits vor 9 Uhr im Bett verschwunden. Er sitzt gerne stundenlang ganz in Ruhe mit seiner Tageszeitung am Küchentisch und genießt bei warmem Wetter die Stille auf dem Balkon. Er hört kein Radio und sieht kaum fern, denn die Ruhe geht ihm über alles. Doch seit einiger Zeit ist es damit vorbei! Erst ärgerten ihn wochenlang die Bagger und Baufahrzeuge, die direkt vor seiner Nase für großen Lärm sorgten, weil ein großer Neubau errichtet wurde, und dann stellte sich noch heraus, dass es sich dabei um einen Kindergarten handelt! Welch eine Frechheit! Hier, gerade hier, wo es vorher schöne Natur mit Wiesen und Sträuchern gegeben hatte, ausgerechnet hier steht nun ein Kindergarten! Herr Kuhn ist außer sich, denn seine Ruhe ist dahin!

Schon früh am Morgen wird er durch all die heranfahrenden Autos und zuschlagenden Autotüren geweckt, wenn all die Kinder von ihren Eltern gebracht werden. Mit dem langen Schlafen ist es vorbei. Kaum hat er sich im Badezimmer fertig gemacht, um anschließend in Ruhe sein Frühstück und die Zeitung zu genießen, öffnen sich gegenüber die Türen und ein wahres Meer von Kindern strömt nach draußen ins Freie. Es wuselt hier und dort. Die neue Rutsche wird mit viel Jauchzen und Lachen ausprobiert und im Sandkasten gibt es Geschrei um die Schaufeln und Förmchen. Hier weint ein Kleines, weil es hingefallen ist, und dort rufen mehrere im Chor, weil sie zusammen ein Spiel machen. Kurzum – von Ruhe keine Spur!

Herr Kuhn verschließt alle Fenster seiner Wohnung und steckt sich Watte in die Ohren. Dass er das auf seine alten Tage noch erleben muss! Später am Mittag schlurft er zum Postkasten hinunter und trifft dort im Flur seine Nachbarin, Frau Rahner. „So ein Lärm", knurrt Herr Kuhn und hofft, dass die Nachbarin ihm zustimmen wird, „nirgends hat man mehr seine Ruhe vor den Blagen."

„So?" Frau Rahner schaut ihn verwundert an. „Ich merke es schon gar nicht mehr, weil ich mich so an den Kleinen freue! Letzte Woche hatten sie uns alle aus dem Haus zu sich eingeladen – aber Sie waren ja leider nicht dabei! Wir hatten einen solch schönen Nachmittag. Die Kinder sind so putzig und freundlich. Ich soll gleich morgen zum Kuchenbacken zu ihnen kommen, weil ich das ja so gerne mache! Darauf freue ich mich! Sie haben mir sogar schon ein Ständchen gesungen:

Backe, backe Kuchen,
der Bäcker hat gerufen:
Wer will guten Kuchen backen,
der muss haben sieben Sachen:
Eier und Schmalz,
Zucker und Salz,
Milch und Mehl,
Safran macht den Kuchen gehl!
Schieb, schieb in'n Ofen 'nein![6]

Ach, Herr Kuhn, Sie glauben gar nicht, wie gut mir das tat!"

Herr Kuhn schüttelt ungläubig den Kopf, nimmt seine Post und geht wieder die Treppe zu seiner Wohnung hinauf. Kurz vor seiner Eingangstür begegnet ihm das Ehepaar Meier vom Dachgeschoss und Herr Kuhn versucht es bei ihnen noch einmal: „So ein Lärm, man hat gar keine Ruhe mehr."

„Ach, Sie meinen den Kindergarten?", fragt Herr Meier. „Da können wir uns nicht beschweren. Unsere Tochter hatte so verzweifelt nach einem Kindergartenplatz für unsere Enkelin gesucht und nun sind wir alle froh, dass sie jeden Tag direkt in unserer Nähe ist. So können wir ihr jeden Morgen zuwinken! Etwas Besseres hätte uns nicht passieren können!"

Herr Kuhn staunt nicht schlecht. Sollte er denn der Einzige sein, dem die Sache nicht gefällt? Am Abend trifft er noch Herrn Nöll von gegenüber. Der meint, sie selbst seien

6 Den Liedtext finden Sie auf Seite 78.

ja als Kinder auch keine Engel gewesen und hätten ihren Platz zum Toben gebraucht. Da beginnt Herr Kuhn, sich doch so seine Gedanken zu machen. Vielleicht – ja vielleicht nimmt er es mit seiner Ruhe ja doch etwas zu genau. Und vielleicht werden sie doch noch irgendwie Freunde werden – der Kindergarten und er.

Liebe Post

„Hoppe, hoppe Reiter,
wenn er fällt, dann schreit er,
fällt er in den Graben,
dann fressen ihn die Raben,
fällt er in den Sumpf,
dann macht der Reiter – plumps!“[7]

Oh, wie oft hat Herr Sträse dieses Liedchen schon gesungen und dabei eines seiner Enkelkinder auf seinen Knien hopsen lassen. Wie haben sie dann gejauchzt, wenn es „plumps“ gemacht hat und sie kurz vor dem Boden aufgefangen wurden! Ja, sie hatten viel Spaß miteinander gehabt!

Herr Sträse schaut sich auch gerne die Fotoalben von seinen Enkelkindern an. Als Erste wurde Greta geboren. Sie war immer ein zierliches, kleines Lockenköpfchen gewesen. Und eine Puppenmama durch und durch. Ihr Puppenkind war überall mit dabei. Herr Sträse erinnert sich noch gut

7 Den Liedtext finden Sie auf Seite 79.

an den Ausflug in den Tierpark, als Greta etwa fünf Jahre alt war. Sie hatte ihre Puppe im Puppenwagen vor sich hergeschoben und alles war wunderbar gewesen. Bis zu dem Zeitpunkt, als sie in einen Bereich kamen, in dem die Affen frei herumlaufen durften. Auf einmal – niemand hatte ihn kommen sehen – ergriff einer der Affen blitzschnell die Puppe aus dem Wagen und verschwand mit ihr auf einem Baum! Oh, da war das Geschrei groß – bei Greta und bei den Affen! Die ganze Familie und die Wärter im Tierpark hatten ihre liebe Not, um das Puppenkind zurückzubekommen. Erst nach einer Stunde hielt Greta endlich überglücklich ihr zerzaustes Baby wieder in den Armen. Aber in einen Tierpark ist sie seitdem nie wieder gegangen!

Gretas Bruder heißt Max. Er war als Kind ein richtiger Wildfang. Überall sauste er auf seinem Tretroller daher, kletterte auf Bäume und kroch unter Zäunen hindurch. Herr Sträse musste ihm so manches Mal ein blutendes Knie verbinden oder einen Eisbeutel auf eine Beule packen.

Wo war die Zeit nur geblieben? Jetzt sind die beiden schon erwachsen und gehen ihre eigenen Wege. Da kommt plötzlich Frau Sträse ins Wohnzimmer. Sie hat die Post mitgebracht und winkt fröhlich mit einer Ansichtskarte: „Hugo, denk dir nur, Greta und Max wollen uns am Sonntag besuchen kommen! Sie schicken ganz liebe Grüße und wünschen sich einen Erdbeerkuchen von mir! Was sagst du dazu?"

„Ach, da freue ich mich!", ruft Herr Sträse und faltet seine Hände zum Gebet: „Danke, Vater im Himmel, dass Du für uns sorgst und uns nun mit dem Besuch der Kinder eine Freude machst!"

Fröhliche Kutschfahrt

Auf diesen Tag hatte sich Frau Müller schon lange gefreut. Endlich war es so weit! Ihre Schwester feierte ihren 80. Geburtstag und die Sonne lachte vom blauen Himmel, dass es nur so eine Freude war. Und das Allerbeste: Es sollte eine Kutschfahrt zum schön gelegenen Gasthaus geben! Frau Müller hatte alles gut vorbereitet und ein hübsches Geburtstagsgeschenk ausgesucht. Nun stand sie fix und fertig angezogen am Gartentor und wartete darauf, abgeholt zu werden.

Nach ein paar Minuten hielt auf einmal ein Postauto vor dem Nachbarhaus. Der Postbote holte ein Paket aus dem Wagen und klingelte. Aber anscheinend war niemand zu Hause, denn er kam unverrichteter Dinge wieder zurück. Da sah er Frau Müller am Gartentor stehen: „Ach, liebe Frau Müller, sind Sie wohl so nett und nehmen das Paket für Herrn Lieblich an, dann muss ich es morgen nicht noch einmal mitbringen."

Naja, Frau Müller hatte eigentlich gar keine Zeit für ein Paket, aber sie wollte auch nicht unfreundlich sein und so nahm sie es entgegen.

„Vielen Dank!“, rief der Postbote und fuhr erleichtert davon.

Frau Müller eilte zurück ins Haus und legte das Paket auf die Kommode im Flur. Dann gelangte sie gerade rechtzeitig wieder zurück ans Gartentor, denn sie konnte schon das Hufgetrappel der Pferde auf der Straße hören.

Ach, dachte sie plötzlich erschrocken, *habe ich denn auch den Herd ausgemacht?* Da musste sie doch tatsächlich zum zweiten Mal ins Haus zurück. Natürlich war der Herd aus – doch man weiß ja nie! Nun aber schnell wieder ans Tor – die Kutsche bog gerade um die Straßenecke herum. Doch was war das? „Oh, du liebe Zeit!“ Frau Müller war in der Eile versehentlich in eine Pfütze getreten, die sich vom nächtlichen Regen auf der Straße gebildet hatte. Sie hatte nur Sandalen an und so war ihr Strumpf ganz nass geworden! Also wieder ins Haus zurück und neue Socken anziehen! So etwas aber auch! Inzwischen hatte die Kutsche das Gartentor erreicht und hielt an. Diesmal musste ihre Schwester auf sie warten! Aber nun war alles in Ordnung. Frau Müller konnte endlich dem Geburtstagskind gratulieren und los ging die Fahrt! Ach, war das herrlich. Eine Fahrt in einer offenen Kutsche! Die Vögel zwitscherten, die Pferde schnaubten und die Landschaft war wunderschön anzusehen. „Jetzt fehlt nur noch das Horn!“, rief Frau Müller glücklich.

„Welches Horn?“, fragte ihre Schwester verständnislos.

„Na dieses!“, antwortete Frau Müller und begann zu singen:

„Hoch auf dem gelben Wagen
sitz ich beim Schwager vorn.
Vorwärts die Rosse traben,
lustig schmettert das Horn.
Berge, Täler und Auen,
leuchtendes Ährengold,
ich möchte in Ruhe gern schauen;
aber der Wagen, der rollt.
Ich möchte in Ruhe gern schauen;
aber der Wagen, der rollt!“[8]

So fuhren sie unter viel Lachen und Schwatzen dem Gasthaus entgegen. Dort gab es Kaffee und Kuchen und zur Überraschung ein Ständchen vom Posaunenchor.

„Das war ein schöner Tag!“, freute sich Frau Müller am Abend, und sie überlegte, ob es zu ihrem nächsten Geburtstag auch eine Kutschfahrt geben würde.

---

8 Den kompletten Liedtext finden Sie auf Seite 80.

Der Kaufmann

Eine fröhliche Runde saß da beim Seniorenkreis um liebevoll gedeckte Tische herum. Allen hatte Kaffee und Kuchen gut geschmeckt und nun wurde lustig miteinander gesungen:

„Horch, was kommt von draußen rein?
Hollahi hollaho!
Wird wohl mein Feinsliebchen sein,
hollahiaho!
Geht vorbei und kommt nicht rein,
hollahi hollaho!
Wird's wohl nicht gewesen sein,
hollahiaho!“[9]

So erklang es aus vielen Kehlen. Nur Frau Bormann saß still auf ihrem Platz und schaute recht betrübt vor sich hin.

---

9 Den kompletten Liedtext finden Sie auf Seite 82.

„Geht es Ihnen nicht gut?", fragte Pastor Hansen, der neben ihr saß.

„Ach nein", klagte Frau Bormann, „dieses Lied hat mein Hans so geliebt … immer wenn er von einer Fahrt nach Hause kam, klopfte er ans Fenster und pfiff das Lied dazu."

„Oh weh, das tut mir leid", sagte Pastor Hansen und nickte verständnisvoll, „das muss schwer für Sie sein. Erzählen Sie mir etwas von Ihrem Mann? Was konnte er besonders gut?"

„Oh ja, mein Hans war etwas ganz Besonderes!", strahlte Frau Bormann den Pastor an. „Er war Kaufmann – aber so ein richtiger! Das Herz hatte er auf dem rechten Fleck. Alle haben ihn geliebt! Er hat die Kunden immer gern beraten und bedient. Wir hatten einen kleinen Laden bei uns im Dorf. Da konnte man alles Notwendige bekommen: Brot und Butter, Wurst und Käse, Obst und Gemüse. Auch Seife und Tabak und Zeitungen …"

Frau Bormann wischte sich eine Träne aus dem Gesicht, dann erzählte sie weiter: „Bei uns im Laden durften die Leute auch anschreiben lassen – wo gibt es das heute noch? Hans hatte an der Kasse ein dickes Heft liegen, und da wurde alles eingetragen. Es war ja keine leichte Zeit damals. Nicht jeder hatte immer genug Geld dabei. Also durfte man anschreiben lassen und hat dann eben beim nächsten Mal bezahlt. Und wer seinen Einkauf nicht nach Hause tragen konnte, dem hat unser Laufbursche geholfen. Sogar nach Feierabend haben wir den alten Leuten noch die Kisten vorbeigebracht!

Früh aufstehen musste mein Hans! Weil er morgens erst

alles vom Großmarkt abgeholt hat. Aber er hat nie geklagt! ‚Berta, Berta', hat er zu mir gesagt, ‚Gott wird schon alles richten!' Und dann hat er gebetet! Ja, beten konnte er, und wie! Und weil ich so ängstlich bin, hat er mich immer getröstet und gesagt, dass Gott für uns sorgt."

Inzwischen war es ganz still geworden im Seniorenkreis. Alle hatten Frau Bormann zugehört. Zum Schluss ergriff Pastor Hansen das Wort: „Ja, liebe Frau Bormann, da hat Ihr Mann das einzig Richtige getan: Er hat sein Vertrauen auf Gott gesetzt! Und dort ist er nun, bei seinem Heiland im Himmel! Und glauben Sie es nur, eines Tages werden Sie ihn dort wiedersehen – durch Christus, unseren Herrn!"

Alte Heimat

Herr Braun stand am Fenster und wartete. Heute war für ihn ein ganz besonderer Tag, denn seine Tochter Ingrid hatte ihm ein Überraschungsgeschenk gemacht – eine Fahrt in die alte Heimat! Ach, wie lange war er nicht mehr dort gewesen, zuletzt als junger Bursche. Ah, da kam Ingrid ja auch schon und es konnte losgehen. „Ich bin schon ganz aufgeregt", sagte Herr Braun. „Ob sich viel verändert hat? Vielleicht treffe ich auch noch alte Freunde, wer weiß."

„Ja, Papa, da sind wir gespannt", stimmte Ingrid ihm zu und lenkte den Wagen auf die Autobahn. Nach Hunderten von Kilometern fuhren sie von der Autobahn ab und die letzte Strecke auf der Landstraße. Dann endlich kam das alte Heimatdorf in Sicht.

„Oh, da steht ja immer noch das große Bauernhaus von Ole Bergen!", rief Herr Braun. „Und schön hergerichtet haben sie es – allerhand! Und da drüben, das Waldschlösschen

… Aber ach, das ist ja ganz heruntergekommen!" Langsam fuhren sie die Dorfstraße entlang und Herr Braun entdeckte manches Altbekannte und auch vieles Neue. „Ordentlich gebaut haben sie in all den Jahren", stellte er fest. „So viele Häuser gab es damals nicht. Sogar eine Tankstelle und einen Supermarkt haben sie jetzt hier."

„Ja", meinte Ingrid. „Die Zeit bleibt nicht stehen. Aber bevor wir einen Spaziergang durch das Dorf machen, wollen wir erstmal etwas essen. Pass auf, da wirst du staunen." Sie lenkte den Wagen wieder aus dem Dorf heraus und fuhr einen Bachlauf entlang.

„Ach wie oft bin ich hier entlanggelaufen", sagte Herr Braun. „Im Sommer haben wir Buben gerne unsere Füße im Bach gekühlt und im Winter wurde mit Stöcken das Eis am Wasserrand zerschlagen." Als sie um eine Kurve bogen, bot sich ihnen ein wunderbarer Anblick: „Die alte Mühle!" Begeistert klatschte Herr Braun in die Hände:

„Es klappert die Mühle am rauschenden Bach,
klipp klapp!
Bei Tag und bei Nacht ist der Müller stets wach,
klipp klapp!
Er mahlet das Korn zu dem kräftigen Brot,
und haben wir dieses, so hat's keine Not.
Klipp klapp, klipp klapp, klipp klapp!
Klipp klapp, klipp klapp, klipp klapp!"[10]

---

10 Den kompletten Liedtext finden Sie auf Seite 83.

Ja, da stand sie vor ihnen, die schöne, alte Mühle, gut erhalten und hübsch angestrichen.

„Denk dir nur, Papa“, wandte Ingrid sich an ihren Vater, „die Mühle ist jetzt ein Gasthaus! Hier wollen wir Mittag essen. Einen Tisch habe ich uns schon reserviert.“

Herr Braun war ganz sprachlos vor lauter Rührung, und wer genauer hinsah, konnte ein paar Tränen in seinen Augen glitzern sehen. „Ach, mein Mädchen“, dabei nahm er Ingrid herzlich in den Arm, „da hast du mir aber eine große Freude gemacht!“

Ingrid lachte glücklich, und gemeinsam drehten sie erst einmal draußen eine Runde um die Mühle, um sie von allen Seiten gebührend zu bewundern. Als sie schließlich in das schön renovierte Gebäude gingen und an ihrem Mittagstisch saßen, faltete Herr Braun bewegt die Hände, dankte für das Essen und fügte noch hinzu: „Danke, Herr Jesus Christus, dass du uns bis hierher bewahrt hast in allen Höhen und Tiefen unseres Lebens. Wir wollen dir auch weiter vertrauen und legen die Zeit, die uns noch verbleibt, in deine guten Hände. Amen.“

Reisepläne

Es ist Sommer. Herr und Frau Stein sitzen an einem schönen Sonntagnachmittag bei Kaffee und Kuchen mit ihrer Enkelin Charlotte auf der Terrasse.

„Oh, das war sehr lecker, vielen Dank", lobt Charlotte, als alle mit dem Essen fertig sind. Dann lächelt sie etwas verschmitzt und rückt mit einer Idee heraus: „Oma, Opa, ich habe mir etwas überlegt: Ihr müsst mal ausspannen, mal etwas anderes sehen! Euer ganzes Leben seid ihr am Arbeiten, am Machen und Tun. Da dachte ich mir, dass jetzt mal eine schöne Reise dran ist!"

Charlotte ist von ihrer Idee ganz überzeugt und hat gleich für die Großeltern einen Stapel mit Reiseprospekten mitgebracht. Herr und Frau Stein schauen sich verwundert an und lassen sich überraschen, was da kommen wird.

„Also hier haben wir z. B. die schöne Schweiz", schwärmt Charlotte ihnen vor. „Da gibt es wunderbare Berge und ganz heimelige Almhütten, auch schöne Städte und Seen – und da könnt ihr wandern, so viel ihr wollt."

„Ach", winkt Frau Stein ab, „mit dem Wandern bergauf bergab ist es bei mir seit meiner Knie-Operation nicht mehr ganz so gut."

„Macht nichts, da nehmen wir einfach etwas anderes!", ruft Charlotte fröhlich und schlägt ein neues buntes Magazin auf. „Hier – hier gibt es Reisen nach Spanien! Dort sind ganz herrliche Sandstrände und das weite Meer, da könnt ihr bequem im Liegestuhl ausruhen und euch bedienen lassen. Das Klima ist dort sehr angenehm und es gibt Orangen und Palmen, und ihr könntet sogar auf Eseln reiten!"

„Oh nee, das lassen wir doch lieber!", lacht Herr Stein. „Ich bekomme doch so schnell einen Sonnenbrand, dann geht es mir gar nicht mehr gut!"

„Du sollst ja unter einem Sonnenschirm bleiben", schmollt Charlotte ein wenig frustriert und blättert weiter in ihren Heften. „In Norwegen und Schweden soll es auch sehr schön sein. Schaut einmal her."

Frau Stein schüttelt den Kopf. „Das mag ja alles sein, aber mir ist das Reisen vergangen. Früher, da waren wir hier und da gewesen, aber nun bin ich doch am liebsten in den eigenen vier Wänden."

Doch Charlotte gibt noch nicht auf: „Wie wäre es mit Japan oder China, das ist doch mal etwas ganz anderes. Seht euch nur diese Bilder an!"

„Ach, mein liebes Kind", wendet Herr Stein ein, „das ist mir alles viel zu weit weg. Und in ein Flugzeug bekommt mich sowieso niemand hinein! Nein, nein, es ist sehr nett von dir gedacht, aber wir bleiben lieber zu Hause. Du hast ja Oma auch gerade gehört."

Schließlich sieht Charlotte doch ein, dass alles Überreden zwecklos ist. Und als am Abend die Sonne wie ein leuchtender Feuerball am Horizont untergeht, die Landschaft ringsum in ein warmes Licht getaucht wird und sich eine wohltuende Stille ausbreitet, da gibt sie den Großeltern recht: Daheim ist es doch am schönsten!

„Kein schöner Land in dieser Zeit
als hier das uns're weit und breit,
wo wir uns finden
wohl unter Linden
zur Abendzeit,
wo wir uns finden
wohl unter Linden
zur Abendzeit."[11]

11 Den kompletten Liedtext finden Sie auf Seite 84.

Strafarbeit

„Rumms!" Mit einem lauten Krachen fällt die Haustür ins Schloss und Herr Richter schreckt aus seinem Mittagsschlaf auf. „Rumms!" In hohem Bogen fliegt ein Schulranzen in eine Ecke des Wohnzimmers und Thomas, der Enkel von Herrn Richter, kommt mit hochrotem Kopf hinterhergestürmt.

„Nanu, was ist denn nur los? Geht es denn auch ein bisschen leiser, wenn ich bitten darf!", ruft Herr Richter stirnrunzelnd.

Thomas lässt sich auf einen Sessel fallen und macht seinem Ärger Luft: „Unser Lehrer ist so ungerecht! Nur weil ich heute Morgen ein paar Minuten zu spät gekommen bin, muss ich jetzt zwei Seiten aus dem Lesebuch abschreiben! Aber ich musste doch nochmal nach Hause, weil ich meine Brotdose vergessen hatte! Und jetzt gleich zwei Seiten! Weißt du eigentlich, wie viel das ist?!"

Herr Richter klopft seinem Enkel beruhigend auf die

Schulter. „Ja“, sagt er, „mit der Schule und den Lehrern ist es schon nicht alles so einfach.“

„Hast du auch schon einmal eine Strafe bekommen, Opa?“, will Thomas wissen, als er etwas zur Ruhe gekommen ist.

„Oh ja“, nickt Herr Richter, „nicht nur einmal. Aber über eine Strafarbeit wie das Abschreiben hätte ich mich gefreut.“

„Was?“ Thomas ist ganz verwundert. „Wieso hättest du dich gefreut?“

„Weil es bei uns damals ganz anders zuging als heute“, erklärt Herr Richter seinem Enkel. „Ich bin in eine kleine Dorfschule gegangen. Da hatten wir nur einen Klassenraum. Dort wurden alle Kinder zusammen unterrichtet.“

„Alle Klassen zusammen?“, ruft Thomas erstaunt dazwischen, „wie soll das denn gehen?“

„Tja, wir saßen nach Alter getrennt an den Bänken“, erklärt Herr Richter. „Die Großen ganz hinten und dann ging es bis zu den Kleinsten, die ganz vorn in den ersten Bänken ihren Platz hatten. Während sie das Alphabet lernten, mussten wir in der Zeit Rechenaufgaben lösen. Da konnte es schon manchmal etwas durcheinander zugehen, wenn die Kleinen laut gesungen haben:

„ABC, die Katze lief im Schnee,
und als sie dann nach Hause kam,
da hatt' sie weiße Stiefel an,
ABC, die Katze lief im Schnee.“[12]

---

12 Den Liedtext finden Sie auf Seite 85.

Und wir Großen mussten uns dabei auf unsere Aufgaben konzentrieren. Und damit das alles doch irgendwie funktionierte, hat der Lehrer streng durchgegriffen. Wer seine Hausaufgaben nicht ordentlich gemacht hat, musste nach vorne kommen und seine Hand ausstrecken, und dann gab es Schläge mit dem Lineal. Oh, das hat vielleicht gebrannt, das kann ich dir sagen!"

Thomas ist ganz erschrocken. „Er hat euch gehauen? Der Lehrer hat euch wirklich geschlagen?"

„Ja, so war das damals", nickt Herr Richter. „Fürs Zuspätkommen gab es mit dem Zeigestock ein paar Schläge auf den Allerwertesten. Da haben wir uns schon mal alte Lumpen oder Zeitungen in die Hose gesteckt, damit es nicht so wehtat!"

„Genau das hätte ich auch gemacht!", lacht Thomas und Herr Richter fährt fort: „Siehst du, deshalb wäre mir eine Strafarbeit zum Abschreiben lieber gewesen."

„Ja, mir auch", bestätigt Thomas und findet nun seine zwei Seiten Lesebuch gar nicht mehr so schlimm. Aber er macht sich noch weitere Gedanken: „Du, Opa, haben denn die Strafen von eurem Lehrer etwas genützt? Ich meine, seid ihr dadurch ordentlicher und pünktlicher geworden?"

Herr Richter schüttelt den Kopf. „Nein, wir sind die gleichen Rabauken geblieben wie vorher. Verändert haben wir uns dadurch nicht. Denn wirklich die Herzen verändern, das kann nur Gott. Und wenn wir ihn darum bitten, dann tut er das auch!"

Einschlafschwierigkeiten

Diesen Abend hatte sich Frau Becker schon lange frei gehalten. Das Ehepaar Huber aus dem Nachbarhaus fuhr ins Theater und sie wollte drüben bei ihnen solange auf die kleine Lilly aufpassen. Frau Becker packte ihr Strickzeug und ein gutes Buch ein und freute sich auf einen ruhigen, gemütlichen Abend, denn die Mutter hatte Lilly bereits ins Bett gebracht. „Nehmen Sie sich alles, was Sie brauchen", begrüßte Frau Huber sie. „Etwas zum Knabbern und Getränke habe ich Ihnen bereits hingestellt, alles andere finden Sie in der Küche." Und schon fiel die Haustür hinter ihr ins Schloss.

Ob das vielleicht etwas zu laut gewesen war? Auf jeden Fall hörte Frau Becker kurz darauf Geräusche im Flur, und siehe da – Lilly stand im Schlafanzug im Wohnzimmer, ihren großen Teddybären im Arm.

„Ich kann nicht schlafen, Tante Hanni", klagte sie.

„Ach mein Mäuschen", tröstete Frau Becker sie, „das

macht doch gar nichts. Komm, ich lese dir noch eine schöne Geschichte vor." Frau Becker legte die Kleine zurück in ihr Bett, suchte nach einem passenden Buch und las ihr eine Geschichte vor. „So, nun schlaf recht schön und träume etwas Feines. Gute Nacht."

Leise verließ sie das Kinderzimmer und machte es sich im Wohnzimmer bequem. Doch gerade als sie die Fernsehzeitschrift nach einer geeigneten Unterhaltung studieren wollte, ließ sich wieder ein feines Stimmchen vernehmen: „Tante Hanni, ich kann aber nicht schlafen."

Frau Becker schmunzelte. „Wie wäre es mit einem Glas warmer Milch? Das soll ja auch manchmal helfen."

Lilly nickte und bekam ein Glas warme Milch. „So, und nun wieder schön ins Bettchen", forderte Frau Becker die Kleine auf und deckte sie zu. Wieder im Wohnzimmer angekommen, nahm sie rasch ihr Strickzeug, um wenigstens ein paar Maschen weiterzukommen. Sie ahnte schon, dass es heute Abend nicht viel damit werden würde. Und richtig – bald darauf schlich sich ein kleines Wuschelköpfchen an das Sofa und legte seinen Teddybären auf ihren Schoß. „Wir können nicht schlafen."

„Ja, was machen wir da nur?", überlegte Frau Becker und sah die Kleine an. „Ich habe eine Idee, komm …" Sie führte Lilly wieder in ihr Bett, setzte sich gemütlich auf einen Stuhl und begann zu singen:

„Guten Abend, gut' Nacht,
mit Rosen bedacht,
mit Näglein besteckt,
schlupf unter die Deck'.
Morgen früh, wenn Gott will,
wirst du wieder geweckt.
Morgen früh, wenn Gott will,
wirst du wieder geweckt."[13]

Die Kleine kuschelte sich behaglich in ihre Kissen. „Noch mehr singen, Tante Hanni." Und so sang Frau Becker ein Schlaflied nach dem anderen, bis ihr keines mehr einfallen wollte. Und tatsächlich, Lillys Augen wurden immer kleiner, bis sie ihr schließlich vor Müdigkeit zufielen! Endlich schlief die Kleine!

Ganz vorsichtig schlich Frau Becker auf Zehenspitzen aus dem Kinderzimmer und wagte es erst im Wohnzimmer, wieder ordentlich durchzuatmen. Zufrieden nahm sie ihr Strickzeug zur Hand, so würde die Socke doch noch heute fertig werden, dachte sie bei sich. Nur leider hatte sie dabei die Rechnung ohne den Wirt gemacht! Nur wenige Minuten später vernahm sie wohlbekannte Trippelschrittchen und sah die verschlafene Lilly vor sich stehen.

„Auf einmal warst du weg", beschwerte sich die Kleine.

Tja, Frau Becker war nun wirklich ratlos und fragte: „Was macht die Mama denn immer, wenn du nicht schlafen kannst?"

„Die legt sich dann zu mir in mein Bett", erklärte Lilly.

13 Den Liedtext finden Sie auf Seite 86.

Frau Becker seufzte tief, aber sie wusste sich keinen anderen Rat. Im Kinderzimmer ordnete sie die Kissen und Decken in Lillys Bett, zog sich ihre Schuhe aus und rutschte neben die Kleine an die Seite. Zufrieden kuschelte sich Lilly an sie – und eine Viertelstunde später waren alle beide tief und fest eingeschlafen!

Die verlorene Geldbörse

„Das Wandern ist des Müllers Lust,
das Wandern ist des Müllers Lust, das Wandern!
Das muss ein schlechter Müller sein,
dem niemals fiel das Wandern ein,
dem niemals fiel das Wandern ein, das Wandern.
Das Wandern, das Wandern,
das Wandern, das Wandern, das Wandern!“[14]

Es waren zwar keine Müller, die da singend unterwegs waren, aber doch eine fröhliche Wandergruppe, die den Feiertag und das schöne Wetter nutzte. Schon seit zwei Stunden ging es nun durch Wald und Feld. Schöne Blumen und seltene Pflanzen hatten sie gesehen und wunderbaren Vogelstimmen gelauscht. Jetzt sollte an einer kleinen Waldhütte ausgiebig Rast gemacht werden.

---

14 Den kompletten Liedtext finden Sie auf Seite 87.

„Oh schaut nur, welch eine herrliche Aussicht wir von hier aus über das ganze weite Land vor uns haben!“, rief Herr Otto.

„Oh ja, es war eine gute Idee, hierherzukommen!“, pflichtete seine Frau ihm bei und packte die mitgebrachten Butterbrote aus. Nach einem Dankgebet wurde munter das Essen verzehrt.

Doch plötzlich gab es eine unliebsame Unterbrechung: „O weh!“, rief Frau Otto, „meine Geldbörse. Meine Geldbörse ist weg!“

„Ja, hast du denn auch überall nachgeschaut?“, fragte ihr Mann.

„Aber natürlich! Erst vorhin unterwegs habe ich im Wald eine Dose mit Apfelstücken aus meinem Rucksack geholt und dabei ein paar andere Sachen ausgepackt. Da war die Geldbörse noch da! Vielleicht ist sie auf den Boden gefallen und ich habe es nicht bemerkt! O weh, o weh, da ist auch mein Ausweis drin und meine Sparkassenkarte!“ Frau Otto war ganz aufgeregt.

„Wo genau war das denn, als du die Apfelstücke herausgenommen hast?“, will Frau Stach wissen.

„Ach, das weiß ich doch jetzt nicht mehr. Irgendwo an einem Baumstumpf am Wegesrand. Wir sind so lange durch den Wald gegangen, da kann ich mich wirklich nicht an die genaue Stelle erinnern“, klagte Frau Otto.

„Keine Sorge, Käthe“, beschwichtigte ihr Mann sie. „Wir werden sie schon wiederfinden. Gott weiß, wo sie ist, deshalb wollen wir noch einmal die Hände falten.“

„Aber Karl“, wandte Herr Drecker ein. „Mit solchen

Kleinigkeiten kann man Gott doch nicht belästigen. Er kümmert sich gewiss um ganz andere Dinge."

„Ach, das ist nicht wahr", entgegnete nun Frau Otto hoffnungsvoll. „Er hat versprochen, für uns zu sorgen. In der Bibel steht, dass sogar die Haare auf unserem Kopf gezählt sind. Das bedeutet doch nichts anderes, als dass ihm keine Kleinigkeit entgeht!"

Und so betete Herr Otto nun darum, dass die Geldbörse mit dem wichtigen Inhalt doch wiedergefunden werden möge. Die Wandersleute packten ihre Essensreste zusammen, teilten sich in drei kleine Gruppen auf und marschierten den Weg wieder zurück; diesmal wache Augen rechts und links auf den Waldboden gerichtet.

Es verging keine Viertelstunde, da meldete sich Frau Stach: „Hierher! Ich habe etwas gefunden!" Tatsächlich, da lag ein kleines braunes Ding, allerdings war es keine Geldbörse, sondern ein verschmutztes Nageletui. „Wer wirft denn so etwas weg?", wunderte sich Herr Otto, und weiter ging es voran. Sie fanden noch einen alten Regenschirm, ein zerrissenes Hundehalsband, einen kaputten Schuh und mehrere Plastiktüten und Papierchen.

„Man glaubt es nicht!", schimpfte Herr Schäfer. „Der Wald ist doch keine Müllkippe!" Nur die Geldbörse, die blieb verschwunden. Nach einer guten Stunde des Suchens wurde eine kleine Pause eingelegt und die müden Wanderer ruhten sich auf zwei Bänken aus. „Ach", seufzte Frau Otto nun doch etwas mutlos und ließ die Schultern hängen.

„Warum so bedrückt?", ertönte da auf einmal eine Stimme und Förster Friedrichs erschien neben ihr. Er hatte mal wieder eine Runde durch seinen Wald gedreht und war gerade auf dem Heimweg.

„Ich habe meine Geldbörse verloren“, klagte ihm Frau Otto ihr Leid, „und wir haben sie bis jetzt nicht wiedergefunden.“

„Na, wenn's weiter nichts ist!“, meinte der Förster und zog ein kleines braunes Etwas aus seinem Rucksack heraus. „Könnte es sich etwa um dieses Exemplar handeln, das mein Waldi vorhin am Wegesrand fand?“

„Oh!“, rief Frau Otto erfreut aus. „Ja, das ist sie! Das ist meine Geldbörse! Gott sei Dank, und Ihnen natürlich auch, Herr Förster!“

„Und nicht zu vergessen dem Waldi!“, lachte Herr Otto und holte zur Belohnung den Rest seines Wurstbrötchens hervor.

Unverhoffter Besuch

Gerade als Frau Walder, wie an jedem Morgen, ihre Zeitung hereinholen will, hört sie ein feines, jammerndes „Miauu". *Nanu, was ist denn das?* Direkt vor ihrer Haustür läuft ein kleines weißes Kätzchen unruhig auf und ab. Als es Frau Walder erblickt, kommt es sogleich auf sie zu und schmiegt sich an ihre Beine.

„Ja, wer bist denn du?", fragt Frau Walder, bückt sich und streicht dem Tier über den Rücken. „Miauu."

„Ach, hast du dich verlaufen? Ich habe dich in unserer Straße noch nie gesehen … Oh, du bist aber eine liebe … Hunger wirst du haben, nicht wahr?" Frau Walder lässt die Katze in ihren Flur herein und überlegt, was nun zu machen ist. Fürs Erste holt sie ein Schälchen Milch und etwas klein geschnittene Wurst herbei, die das Kätzchen gierig herunterschlingt.

Daraufhin geht Frau Walder in den nahe gelegenen Supermarkt und besorgt ordentliches Katzenfutter. „Ja, das schmeckt dir gut!“ Frau Walder freut sich über den Appetit und die Gesellschaft des kleinen Tieres. „Wolltest du die weite Welt kennenlernen und hast dich von zu Hause fortgeschlichen? So wie wir es als Kinder immer sangen?

‚Hänschen klein ging allein
in die weite Welt hinein,
Stock und Hut steht ihm gut,
ist gar wohlgemut.
Aber Mutter weinet sehr,
hat ja nun kein Hänschen mehr!
Da besinnt sich das Kind,
läuft nach Haus geschwind.‘[15]

Oh, da fällt mir ein, dass es ja wirklich eine Mama oder einen Papa geben wird, die dich schon vermissen und auf dich warten! Ja, was soll ich denn da bloß tun? Du kannst ja gerne erst mal bei mir bleiben, aber dein Zuhause müssen wir schon irgendwie finden.“

Frau Walder nimmt eine alte Decke, faltet sie mehrmals zusammen und legt sie neben das Futtertöpfchen unter die Treppe im Flur. Und tatsächlich, es dauert nicht lange, da legt sich das Kätzchen satt und zufrieden auf die Decke, rollt sich zusammen und ist bald eingeschlafen.

Frau Walder ist ganz gerührt, denn sie hat Tiere gern. Aber trotz allem muss sie handeln, und so ruft sie erst einmal ihre Freundin an und beratschlagt mit ihr die nächs-

---

15 Den Liedtext finden Sie auf Seite 89.

ten Schritte. Ja, genau, so will sie es machen: Sie holt sich ein paar große Schreibblätter hervor, nimmt einen dicken schwarzen Stift und schreibt in großen Buchstaben:

„WEISSE KATZE ZUGELAUFEN!
WER VERMISST SIE?
BITTE MELDEN SIE SICH
UNTER DER TELEFONNUMMER 3957"

Frau Walder begutachtet den Zettel und nickt zufrieden. Dann macht sie sich auf den Weg und verteilt die Blätter im Supermarkt, im Friseursalon, beim Bäcker und in der Metzgerei. Was für ein ereignisreicher Vormittag! Nun kann sie nichts weiter tun, als abzuwarten und sich an dem Kätzchen zu erfreuen, solange es bei ihr ist.

Das Tier scheint sich auch sehr wohlzufühlen in dem gastfreundlichen Haus, und schon bald darf es auch in die Küche und in die Wohnstube, denn es benimmt sich sehr ordentlich und reißt keine Vorhänge und Polster kaputt. Bei jedem Telefonanruf jedoch zuckt Frau Walder zusammen, denn es könnte ja sein, dass sich der Besitzer meldet und seine Katze abholen will. Insgeheim möchte sie doch ihren neuen Freund bei sich behalten und gar nicht mehr hergeben.

So vergehen die Tage und auch nach einer Woche hat sich noch niemand gemeldet. Sogar das Tierheim, dem Frau Walder auch Bescheid gegeben hat, erfährt nichts Neues. „Wenn Sie wollen, dann stellen Sie sich darauf ein, dass Sie das Kätzchen behalten, wenn sich niemand meldet", sagt die nette Dame am Telefon.

Na, *nichts lieber als das*, denkt Frau Walder und ist froh, als auch nach Wochen niemand mehr angerufen hat, obwohl sie es durchaus nicht begreifen kann, wie jemand das niedliche Tierchen einfach hat gehen lassen und es nicht zurückhaben will. Aber ihr soll es mehr als recht sein. Und so sitzt sie abends zufrieden in ihrem Sessel, das Kätzchen auf dem Schoß. „Du bist mir vom Himmel geschickt", flüstert sie glücklich und streichelt dem schnurrenden Tier über den Rücken.

Wahrheitsliebe

Ganz hinten im Garten kurz vor dem kleinen Wäldchen stehen bunte Bienenkörbe. Schon seit Jahren versorgt Herr Busch hier seine Bienenvölker und wird dafür mit reichlich gutem Honig belohnt. Seine Frau teilt seine Liebhaberei und stellt schöne Wabenkerzen her. So ist es nicht verwunderlich, dass die beiden mit ihrer Enkelin Anja gerne ihr Lieblingslied singen:

„Summ, summ, summ! Bienchen summ herum!
Ei, wir tun dir nichts zuleide,
flieg nur aus in Wald und Heide!
Summ, summ, summ! Bienchen summ herum!“[16]

Allerdings müssen sie ihre Enkelin immer wieder warnen, nicht zu nahe an die Bienen heranzugehen, weil sie sonst gestochen werden könnte. Es erscheint ihr doch zu verlo-

16 Den kompletten Liedtext finden Sie auf Seite 91.

ckend, die Körbe eingehender zu betrachten, obwohl Herr Busch ihr schon alles ausreichend erklärt hat. Bewundernd sieht Anja immer wieder zu, wie sich ihr Großvater verkleidet, bevor er sich an die Arbeit mit den Bienen macht. Dazu trägt er einen besonderen Anzug und einen riesigen Hut mit einem weißen Netz, damit die Bienen nicht an seinen Kopf herankommen können. Zu gerne würde Anja auch einmal mit diesem Hut zu den Körben gehen, aber sie wird immer wieder auf später vertröstet, wenn sie dafür groß genug ist.

Doch eines schönen Samstagnachmittags sieht sie ihre Gelegenheit gekommen: Bei den Großeltern ist Besuch eingetroffen, der die beiden vollauf beschäftigt. So achtet niemand auf die kleine Anja, die sich in den Garten schleicht und sich heimlich dem Arbeitsschuppen nähert. Neugierig geht sie hinein. *Ach, da ist er ja!*, denkt sie erfreut. Der große Hut mit dem weiten, weißen Netz liegt direkt im Regal vor ihrer Nase. Mit leuchtenden Augen greift Anja danach und versucht ihn aufzusetzen. Aber der Hut ist ihr zu groß und das Netz zu weit, sodass es gar nicht so einfach geht, wie sie sich das vorgestellt hatte. Das Netz verfängt sich in einem vorstehenden Nagel und der Hut rutscht ihr über die Augen. Anja wackelt hin und her, zieht und zerrt und stolpert über eine Kiste. Pardauz – da liegt sie auf dem Boden, und ratsch – ist das Netz gerissen!

O weh! Erschrocken kämpft sich die Kleine aus Hut und Netz heraus und besieht sich den Schaden, den sie angerichtet hat. Nun ist guter Rat teuer! Was soll sie tun? Ihr Herzchen klopft und das schlechte Gewissen meldet sich schneller, als es ihr lieb sein kann. Schon hört sie, wie der Großvater vom Haus her nach ihr ruft. Soll sie fortlaufen und sich verstecken? Soll sie sagen, dass die Katze das Unglück angerichtet hat? Da erinnert sich Anja an die Worte ihrer Mutter: „Ehrlich währt am längsten, mein Schatz. Lass uns die Wahrheit sagen, auch wenn es nicht immer so einfach ist."

Und so findet Herr Busch auf der Suche nach seiner Enkelin eine bedrückte, betrübte Missetäterin vor, die ihm aber sogleich das ganze Geschehen kleinlaut beichtet. Natürlich freut er sich nicht über den angerichteten Schaden, aber doch über den Mut der Kleinen, gleich mit der Wahrheit herauszurücken.

„Bist du jetzt arg böse mit mir?", fragt Anja schließlich kleinlaut und schaut den Großvater schuldbewusst an.

„Nein, mein Kind", antwortet Herr Busch und streicht ihr über den Kopf. „Der Schaden ist nicht so groß, als dass er nicht behoben werden könnte. Ich habe in meinem Leben auch schon so manches angestellt und falsch gemacht und war immer froh, wenn die Menschen mir verziehen haben. Und auch Gott, unser Vater im Himmel, vergibt uns immer wieder um Jesu' willen, wenn wir ehrlich sind und ihm alles sagen. Also wollen wir es jetzt auch gut sein lassen."

Überglücklich schmiegt sich Anja in die Arme des Großvaters, und dann räumen beide gemeinsam auf.

An der Ostsee

Eigentlich hatte sich Frau Haller nie viel aus Reisen gemacht. „Trautes Heim, Glück allein“ lautete einer ihrer Wahlsprüche. Aber als sie nun hier auf dem Weg zum Ostseestrand stand, war sie doch schier überwältigt. Was für ein wunderbarer Anblick bot sich ihr: das weite, endlos scheinende Wasser mit leichten plätschernden Wellen, der herrliche Sandstrand mit vielen bunten Strandkörben und dazu die Dünen mit dem hohen Gras, das leicht im Wind hin und her schaukelte. Ja, jetzt konnte sie wirklich verstehen, was immer so schön besungen wurde:

„Wem Gott will rechte Gunst erweisen,
den schickt er in die weite Welt,
dem will er seine Wunder weisen
in Berg und Wald und Strom und Feld.“[17]

---

17 Den kompletten Liedtext finden Sie auf Seite 92.

Das Kurhaus, in dem Frau Haller untergebracht war, lag nur wenige Meter von der Strandpromenade entfernt. Ein großer Park lud die Kurgäste zum Spazieren und Verweilen ein. Aber Frau Haller hielt es trotz der schönen Blumenbeete und bequemen Bänke nicht lange dort aus, denn sie hatte ihre Liebe zur See entdeckt. Am Vormittag gab es ja verschiedene Kuranwendungen und Vorträge, doch sobald sie ihre Ruhe nach dem Mittagessen beendet hatte, wanderte sie zum Strand hinunter. Es ging zwar mit dem Gehstock nur recht langsam voran, doch das störte sie nicht. Und bis zu dem Strandkorb, den sie sich gleich in der Nähe gemietet hatte, war es nicht weit. Eingehüllt in eine warme Decke genoss Frau Haller die freie Zeit, den Seegeruch und das Kreischen der Möwen. Ach, war das wunderbar!

Um sie herum füllte sich der Strand mit Leben. Direkt nebenan in den Strandkörben hatte eine Familie ihren Platz gefunden. Die Eltern ließen sich von der Sonne verwöhnen und die Kinder plantschten im Wasser oder spielten im Sand. Frau Haller war bald gut Freund mit ihnen und freute sich an ihrem lustigen Geplapper.

„Hilfst du uns beim Muschelsammeln?“, fragte die kleine Mia und schaute sie erwartungsvoll an.

„Ach, das würde ich gerne“, antwortete Frau Haller, „aber mit dem Bücken klappt es leider nicht mehr so gut.“ Sie überlegte. „Aber ich kann langsam mit euch mitkommen und euren Eimer tragen, in den ihr die Muscheln sammelt.“

Damit waren die Kleinen zufrieden und so zogen sie munter vereint zum Sammeln los. Frau Haller staunte, wie viele verschiedene Muscheln es hier gab: große, kleine, längliche und rundliche, weiße, graue und rosafarbene. Ein paar besonders schöne Exemplare bekam sie von den Kindern als Andenken für zu Hause überreicht.

So vergingen die Tage. Eines Nachmittags gab es eine Überraschung für Frau Haller. Während sie am Vormittag im Kurhaus ihre Anwendungen durchführte, hatten die Kleinen mithilfe ihres Vaters eine riesige Sandburg gebaut, mit mehreren Toren und Türmen.

„Ach, wie fein!“, rief Frau Haller entzückt, als sie am Nachmittag an den Strand kam. „Das haben wir als Kinder auch immer gemacht!“ Und nun wurde die Burg mit vereinten Kräften mit all den gesammelten Muscheln schön verziert. Jeder, der vorbeikam, bewunderte das gelungene Bauwerk und so mancher holte seinen Fotoapparat hervor und machte ein Bild.

Allmählich aber neigte sich Frau Hallers Kuraufenthalt seinem Ende entgegen, und auch ihre lieben Freunde mussten sich eines Tages von ihr verabschieden. Da gab es so manche Träne, denn man hatte sich lieb gewonnen. Die Adressen wurden ausgetauscht und man versprach sich, in Kontakt zu bleiben. Nur die Sandburg blieb Frau Haller noch für die restlichen Tage an der Ostsee als Andenken bestehen.

Am letzten Nachmittag vor der Abreise kam sie noch einmal an ihren gemütlichen Strandkorb zurück. Aber o weh – welch ein trauriger Anblick! In der Nacht zuvor hatte es ordentlich geregnet und so war von der Sandburg nur ein unförmiger Haufen mit durcheinandergewürfelten Muscheln übrig geblieben. *Ja,* dachte Frau Haller wehmütig, *nichts auf dieser Welt bleibt ewig bestehen.* Doch dann besann sie sich, hob den Kopf dem leichten Wind entgegen und lächelte: *Wohl dem, der sein Vertrauen auf Christus gesetzt hat! In seiner Hand bin ich für alle Zeiten sicher geborgen!*

Schneevergnügen

Langsam neigte sich das Jahr dem Ende entgegen. Die Tage wurden kürzer und dann und wann gab es auch schon Frost in der Nacht. Wohl dem, der einen warmen Ofen oder eine gut funktionierende Heizung hatte. Im alten Bauernhaus draußen vor der Stadt brannte ein lustiges Feuer im Kamin. Herr Keller hatte sich seinen Schaukelstuhl nah herangezogen, wärmte seine kalten Füße und trank dazu eine heiße Tasse Tee. Seine drei Enkelkinder standen derweil am Küchenfenster und drückten ihre Nasen an der Scheibe platt. Sehnsüchtig schauten sie zum Himmel empor. „Opa, wann schneit es endlich?", wollte Hendrik wissen.

Und Philipp rief: „Ja, wir wollen Schnee!"

„Genau", nickte die kleine Hanna und sang dazu:

„Schneeflöckchen, Weißröckchen,
wann kommst du geschneit,
du kommst aus den Wolken,
dein Weg ist so weit!"[18]

---

18 Den kompletten Liedtext finden Sie auf Seite 93.

„Na, von mir aus kann der Schnee noch auf sich warten lassen“, meinte Herr Keller.

„Aber Opa!“, empörte sich Philipp, „wir wollen mal wieder Schlitten fahren und uns eine richtig schöne Bahn bauen und dann den Berg hinuntersausen. Ach, das wäre toll! Und das Skifahren könnten wir auch ausprobieren. Papa hat uns erlaubt, dass wir es diesen Winter versuchen dürfen! Wenn er uns zeigt, wie es geht, wird es bestimmt gut klappen!“

„Genau!“, pflichtete Hendrik dem Bruder bei, „und dann bauen wir wieder eine Schneehöhle! Aber dieses Mal wird sie so tief, dass wir uns alle drei darin verstecken können!“

„Ja!“, jauchzte Hanna. „Und noch einen großen Schneemann – riesengroß soll er werden! Ach, wenn es doch nur endlich schneien würde!“

„Am besten wäre es doch, wenn es so viel Schnee gäbe, dass wir nicht zur Schule können“, warf Hendrik ein. „Dann haben wir einfach schon früher Ferien!“

„Na, ihr seid mir ja welche!“, lachte Herr Keller. „Also ich möchte noch keinen Schnee. Ich habe wirklich keine Lust, schon am frühen Morgen den großen Platz vor dem Haus und die Wege zum Stall und zur Scheune freizuschaufeln. Wisst ihr eigentlich, wie anstrengend das ist?! Und mit dem Auto ist es dann auch so gefährlich auf den Straßen: überall festgefahrener Schnee und Eis. Da können schnell Unfälle passieren. Wenn wir hier so viel Schnee hätten, wie ihr es euch wünscht, dann wüssten wir gar nicht mehr, wohin damit! Das alte Dach von der Scheune hält eine solche Last vielleicht nicht mehr aus und wir müssten sehen, wie wir den ganzen Schnee da herunterbekämen oder es würde uns zusammenbrechen! Nee, nee, das ist alles viel zu mühsam für uns. Also ich bleibe dabei – Schnee muss noch nicht sein!“

Die vier wurden sich nun einmal nicht einig. Da musste Herr Keller schmunzeln: „So ist es nun mal im Leben: Was dem einen sein Uhl, ist dem anderen sein Nachtigall!“

Weihnachtsfeier

Im Seniorenstift ging es heute munter zu. Schon seit Tagen und Wochen wurden die verschiedensten Vorbereitungen getroffen. Sterne und Lichthäuschen wurden gebastelt, Fenster geschmückt und Lieder einstudiert. Alle fieberten hin auf die Weihnachtsfeier am dritten Advent, und nun war es endlich so weit.

Die Tische standen festlich hergerichtet mit Kerzen, Tannenzapfen und kleinen Schneemännern aus Wattebäuschen. Leckerer Kaffeeduft und süße Kuchen warteten darauf, verspeist zu werden. Eben wurden die Bewohner des Heimes an ihre Plätze geführt oder in Rollstühlen gefahren. Freudige Gesichter sah man überall, denn es wurden noch ganz besondere Gäste erwartet: eine Gruppe Kinder aus der Tagesstätte am Ende der Straße wollte eine Vorführung geben.

„Ich bin schon ganz aufgeregt", flüsterte Frau Urban ihrer Nachbarin Frau Gräbe zu.

Aber die blieb stumm und schaute recht mürrisch drein.

„Was ist denn los mit Ihnen? Geht es Ihnen nicht gut?", fragte Frau Urban besorgt.

Frau Gräbe winkte ab: „Der ganze Zirkus zu Weihnachten geht mir auf die Nerven. Von mir aus braucht es das alles gar nicht geben. Ich bin bloß mit heruntergekommen, weil die Schwester so dickköpfig war und mich nicht allein in meinem Zimmer gelassen hat."

Frau Urban lachte: „Seien Sie doch froh über die Abwechslung! Schmollen können Sie auch heute Abend wieder genügend!"

Doch nun ging es los und Heimleiter Zimmermann stimmte das erste gemeinsame Lied an:

„Ihr Kinderlein kommet, o kommet doch all'!
Zur Krippe her kommet in Bethlehems Stall,
und seht, was in dieser hochheiligen Nacht
der Vater im Himmel für Freude uns macht."[19]

Als die letzte Strophe verklungen war, ertönte ein Glöckchen und husch, husch strömten die kleinen Kindergartengäste als Sterne und Schneeflocken ausstaffiert in den Saal herein.

„Wie allerliebst!", rief Frau Urban begeistert und klatschte mit den anderen Bewohnern den Takt zu dem nächsten gemeinsamen Lied. Nur Frau Gräbe ließ demonstrativ ihre Hände im Schoß liegen. *Wer nicht will, der hat schon*, dachte Frau Urban und beschloss, sich nicht über die Nachbarin zu ärgern und sich schon gar nicht die gute Laune verderben zu lassen.

---

19 Den kompletten Liedtext finden Sie auf Seite 94.

Die Kinder sangen noch zwei Lieder, sagten Gedichte auf und führten ein paar niedliche Tänze vor. Dann war es Zeit für den Nikolaus und die Bescherung. Heimleiter Zimmermann hatte es sich auch in diesem Jahr nicht nehmen lassen, im roten Mantel mit langem weißen Rauschebart selbst vor die Kinder zu treten. Er hatte sich vorher alle Namen nennen lassen und rief die Kleinen nun einzeln zu sich, sagte ihnen ein paar liebe Worte und verteilte seine Geschenke.

„Ach, welche Freude die Kinder haben", flüsterte Frau Urban und nickte ihrer Sitznachbarin zu, „da freut man sich selbst doch auch mit, nicht wahr?"

Diesmal ließ Frau Gräbe wenigstens ein leises Brummen von sich hören, was mit etwas gutem Willen als Zustimmung gedeutet werden konnte. Zum Abschluss der Feier hatten die Kinder noch eine Überraschung mitgebracht. Für alle Bewohner waren Strohsterne gebastelt worden, die die Kleinen nun eifrig verteilten. Bunt durcheinander liefen sie hierhin und dorthin, holten neue Sterne aus einem großen Karton und eilten wieder an die Tische zurück. Schließlich kamen zwei Jungen auch zu Frau Urban und überreichten ihr Geschenk.

„Vielen lieben Dank!", freute sie sich und strich den Kindern über das Haar. Dann bekam Frau Gräbe ihren Stern. Und ganz unvermutet ergriff plötzlich einer der beiden Knirpse mutig mit beiden Händen ihren Arm, schüttelte ihn munter hin und her und rief: „Fröhliche Weihnachten!" Und schwupps, weg war er wieder.

„Ja, fröhliche Weihnachten", fügte Frau Urban leise hinzu und reichte der Nachbarin ein Taschentuch, denn gerade lief ihr eine Träne über die Wange.

„Danke", sagte Frau Gräbe und schnäuzte sich einmal kräftig. Dieser Nachmittag hatte ihr doch besser gefallen als gedacht, und Weihnachten erschien ihr auf einmal in einem schöneren Licht als zuvor.

Heiligabend

Über Nacht hatte es geschneit, und so war das kleine Städtchen pünktlich zum Heiligen Abend mit einer Schneehaube überzogen. Als es am späten Nachmittag dunkel wurde, zog Frau Kremer die Vorhänge in ihrem Wohnzimmer zu und zündete die vier Kerzen am Adventskranz an. Auch ein kleines Tannenbäumchen hatte sie sich in diesem Jahr von ihrem Nachbarn besorgen lassen. Das wurde nun liebevoll mit einer Lichterkette versehen und mit kleinen roten Kugeln und goldenen Sternen geschmückt. Hier und da hängte Frau Kremer auch noch ein paar selbst gebastelte Watteschneemänner hinein, die sie vor langer Zeit geschenkt bekommen hatte. Nun konnte sich das Weihnachtsbäumchen sehen lassen. Schließlich holte sie noch die kleine Krippe mit all den bekannten Figuren heraus und stellte Maria, Josef, die Hirten und Schafe neben den Stall auf ihre Kommode.

Aber etwas fehlte. *Wo war nur das Kind, das in die Krippe gehörte? Das Christkind fehlte!*

Frau Kremer durchsuchte die leeren Schachteln und Papiere, aber es war nirgendwo zu finden. So musste sie es dabei belassen, so leid es ihr tat.

Aber alles andere war fertig und die Kerzen und Lichter verbreiteten eine festliche Stimmung im Raum. Nur schade, dass sie heute des Wetters wegen nicht in die Kirche gehen konnte. Es war ihr einfach zu gefährlich. Wie schnell konnte sie ausrutschen und fallen, das durfte sie nicht riskieren. So blieb sie zu Hause und bereitete indessen den Esstisch vor. Sie stellte Teller darauf und legte Besteck und Servietten dazu, denn am Abend wollten ihr Bruder und seine Frau zum gemeinsamen Essen vorbeikommen. Kartoffelsalat und Würstchen waren vorbereitet und so setzte sich Frau Kremer für die verbleibende Zeit in ihren gemütlichen Sessel und schaltete den Fernseher ein. Es lief gerade eine Andacht zum Heiligen Abend, sodass sie doch nicht auf das Weihnachtsevangelium verzichten musste.

„Seht nur, wie lieb Gott uns Menschen hat, dass er selbst als kleines Kind auf diese Erde kam", sagte der Pastor gerade. „Das ist die frohe Botschaft, die der Engel den Hirten verkündigt hat. Gott wird arm und klein, damit uns ein Weg in den Himmel bereitet wird."

Ja, dachte Frau Kremer, *das ist wunderbar*.

Schließlich sang ein Chor ein bekanntes Weihnachtslied und sie stimmte herzlich mit ein:

„O du fröhliche, o du selige,
gnadenbringende Weihnachtszeit!
Welt ging verloren,
Christ ward geboren:
Freue, freue dich, o Christenheit!“[20]

Kaum war der Gesang beendet, da klingelte es an ihrer Haustür und Bruder und Schwägerin traten ein, schwer beladen mit Päckchen und Paketen. Es wurde ein schöner Abend mit Essen, Singen und Erzählen. Zum Schluss wurden die Geschenke ausgetauscht.

„Wir haben noch einiges von unseren Kindern und Enkeln mitbekommen, das wir dir übergeben sollen“, sagte der Bruder.

Und so packte Frau Kremer aus und freute sich über eine neue Bluse, eine schöne Vase, eine Armbanduhr, verschiedene Fotografien ihrer Lieben sowie selbst gemalte Bilder. Das kleinste Päckchen bekam sie zuletzt.

„Es muss im vorigen Jahr irgendwie versehentlich von den Kleinen mitgenommen worden sein“, erklärte die Schwägerin. Und siehe da – was kam zum Vorschein? Das fehlende Christkind aus Frau Kremers Krippe!

„Na, das ist ja fein!“, rief diese hocherfreut, „nun ist wieder alles komplett! Das kleine Püppchen soll uns daran erinnern, was das Wichtigste an Weihnachten ist: dass Jesus Christus auf die Erde kam!“

---

20 Den kompletten Liedtext finden Sie auf Seite 95.

Liederanhang

Das Vogelhäuschen

Alle Vögel sind schon da,
alle Vögel, alle!
Welch ein Singen, Musizier'n,
Pfeifen, Zwitschern, Tirilier'n!
Frühling will nun einmarschier'n,
kommt mit Sang und Schalle.

Wie sie alle lustig sind,
flink und froh sich regen!
Amsel, Drossel, Fink und Star
und die ganze Vogelschar
wünschen dir ein frohes Jahr,
lauter Heil und Segen.

Was sie uns verkünden nun,
nehmen wir zu Herzen:
Wir auch wollen lustig sein,
lustig wie die Vögelein,
hier und dort, feldaus, feldein,
singen, springen, scherzen.

Kalenderblätter

Der Mai ist gekommen,
die Bäume schlagen aus,
da bleibe, wer Lust hat,
mit Sorgen zu Haus!
Wie die Wolken dort wandern
am himmlischen Zelt,
so steht auch mir der Sinn
in die weite, weite Welt.

Herr Vater, Frau Mutter,
dass Gott euch behüt'!
Wer weiß, wo in der Ferne
mein Glück mir noch blüht;
es gibt so manche Straße,
da nimmer ich marschiert,
es gibt so manchen Wein,
den nimmer ich probiert.

Frisch auf drum, frisch auf drum
im hellen Sonnenstrahl!
Wohl über die Berge,
wohl durch das tiefe Tal!
Die Quellen erklingen,
die Bäume rauschen all;

mein Herz ist wie ’ne Lerche
und stimmet ein mit Schall.

Und abends im Städtlein,
da kehr ich durstig ein:
„Herr Wirt, ja Herr Wirt,
eine Kanne blanken Wein!
Ergreife die Fiedel,
du lust’ger Spielmann du,
von meinem Schatz das Liedel,
das sing ich dazu!“

Und find’ ich kein’ Herberg’,
so lieg’ ich zur Nacht
wohl unter blauem Himmel,
die Sterne halten Wacht;
im Winde die Linde,
die rauscht mich ein gemach,
es küsset in der Frühe
das Morgenrot mich wach.

O Wandern, o Wandern,
du freie Burschenlust!
Da weht Gottes Odem
so frisch in die Brust;
da singet und jauchzet
das Herz zum Himmelszelt:
wie bist du doch so schön,
o du weite, weite Welt!

Im Wald

Fuchs, du hast die Gans gestohlen,
|: gib sie wieder her! :|
|: Sonst wird dich der Jäger holen
mit dem Schießgewehr. :|

Seine große lange Flinte
|: schießt auf dich das Schrot, :|
|: dass dich färbt die rote Tinte,
und dann bist du tot. :|

Liebes Füchslein, lass dir raten:
|: sei doch nur kein Dieb; :|
|: nimm, statt mit dem Gänsebraten,
mit der Maus vorlieb. :|

Gute, alte Zeit

Zeigt her eure Füße,
zeigt her eure Schuh,
und sehet den fleißigen
Waschfrauen zu:

- Sie waschen, sie waschen, sie waschen den ganzen Tag.
- Sie spülen, sie spülen, sie spülen den ganzen Tag.
- Sie wringen, sie wringen, sie wringen den ganzen Tag.
- Sie hängen, sie hängen, sie hängen den ganzen Tag.
- Sie bügeln, sie bügeln, sie bügeln den ganzen Tag.
- Sie schwatzen, sie schwatzen, sie schwatzen den ganzen Tag.
- Sie tanzen, sie tanzen, sie tanzen den ganzen Tag.
- Sie ruhen, sie ruhen, sie ruhen den ganzen Tag.

Am Ententeiher

Alle meine Entchen |: schwimmen auf dem See, :|
Köpfchen in das Wasser, Schwänzchen in die Höh.

Alle meine Täubchen |: gurren auf dem Dach, :|
fliegt eins in die Lüfte, fliegen alle nach.

Alle meine Hühner |: scharren in dem Stroh, :|
finden sie ein Körnchen, sind sie alle froh.

Alle meine Gänschen |: watscheln durch den Grund, :|
suchen in dem Tümpel, werden kugelrund.

Ruhestörer

Backe, backe Kuchen,
der Bäcker hat gerufen:
Wer will guten Kuchen backen,
der muss haben sieben Sachen:
Eier und Schmalz,
Zucker und Salz,
Milch und Mehl,
Safran macht den Kuchen gehl!
Schieb, schieb in'n Ofen 'nein!

Liebe Post

Hoppe, hoppe Reiter,
wenn er fällt, dann schreit er,
fällt er in den Graben,
dann fressen ihn die Raben,
fällt er in den Sumpf,
dann macht der Reiter – plumps!

Fröhliche Kutschfahrt

Hoch auf dem gelben Wagen
sitz ich beim Schwager vorn.
Vorwärts die Rosse traben,
lustig schmettert das Horn.
Berge, Täler und Auen,
leuchtendes Ährengold,
|: ich möchte in Ruhe gern schauen;
aber der Wagen, der rollt. :|

Flöten hör ich und Geigen,
lustiges Baßgebrumm,
junges Volk im Reigen
tanzt um die Linde herum.
Wirbelnde Blätter im Winde,
es jauchzt und lacht und tollt,
|: ich bliebe so gern bei der Linde;
aber der Wagen, der rollt. :|

Postillon in der Schenke
füttert Rosse im Flug,
schäumendes Gerstengetränke
reicht uns der Wirt im Krug.
Hinter den Fensterscheiben
lacht ein Gesicht gar hold,

|: ich möchte so gerne noch bleiben,
aber der Wagen, der rollt. :|

Sitzt einmal ein Gerippe
hoch auf dem Wagen vorn,
hält statt der Peitsche die Hippe,
Stundenglas statt Horn.
Sag ich: Ade, nun, ihr Lieben,
die ihr nicht mitfahren wollt,
|: ich wäre so gern noch geblieben,
aber der Wagen, der rollt. :|

Der Kaufmann

Horch, was kommt von draußen rein? Hollahi hollaho!
Wird wohl mein Feinsliebchen sein, hollahiaho!
Geht vorbei und schaut nicht rein, hollahi hollaho!
Wird's wohl nicht gewesen sein, hollahiaho!

Leute haben's oft gesagt, hollahi hollaho!
Dass ich ein Feinsliebchen hab, hollahiaho!
Lass sie reden, schweig fein still, hollahi hollaho!
Kann ja lieben wen ich will, hollahiaho!

Sagt mir, Leute, ganz gewiss, hollahi hollaho!
Was das für ein Lieben ist, hollahiaho!
Die ich liebe, krieg ich nicht, hollahi hollaho!
Und 'ne and're mag ich nicht, hollahiaho!

Wenn mein Liebchen Hochzeit hat, hollahi hollaho!
Hab ich meinen Trauertag, hollahiaho!
Geh dann in mein Kämmerlein, hollahi hollaho!
Trage meinen Schmerz allein, hollahiaho!

Wenn ich dann gestorben bin, hollahi hollaho!
Trägt man mich zu Grabe hin, hollahiaho!
Setzt mir keinen Leichenstein, hollahi hollaho!
Pflanzt nicht d'rauf Vergissnichtmein, hollahiaho!

Alte Heimat

Es klappert die Mühle am rauschenden Bach, klipp klapp!
Bei Tag und bei Nacht ist der Müller stets wach, klipp klapp!
Er mahlet das Korn zu dem kräftigen Brot,
und haben wir dieses, so hat's keine Not.
|: Klipp klapp, klipp klapp, klipp klapp! :|

Flink laufen die Räder und drehen den Stein, klipp klapp!
Und mahlen den Weizen zu Mehl uns so fein, klipp klapp!
Der Bäcker den Zwieback und Kuchen draus bäckt,
der immer den Kindern besonders gut schmeckt.
|: Klipp klapp, klipp klapp, klipp klapp! :|

Wenn reichliche Körner das Ackerfeld trägt, klipp klapp!
Die Mühle dann flink ihre Räder bewegt, klipp klapp!
Und schenkt uns der Himmel nur immer das Brot,
so sind wir geborgen und leiden nicht Not.
|: Klipp klapp, klipp klapp, klipp klapp! :|

Reisepläne

Kein schöner Land in dieser Zeit
als hier das uns're weit und breit,
|: wo wir uns finden
wohl unter Linden
zur Abendzeit. :|

Da haben wir so manche Stund'
gesessen da in froher Rund'
|: und taten singen;
die Lieder klingen
im Eichengrund. :|

Dass wir uns hier in diesem Tal
noch treffen so viel hundertmal,
|: Gott mag es schenken,
Gott mag es lenken,
er hat die Gnad'. :|

Nun, Brüder, eine gute Nacht!
Der Herr im hohen Himmel wacht;
|: in seiner Güten
uns zu behüten,
ist er bedacht. :|

Strafarbeit

ABC, die Katze lief im Schnee,
und als sie dann nach Hause kam,
da hatt' sie weiße Stiefel an,
ABC, die Katze lief im Schnee.

Einschlafschwierigkeiten

Guten Abend, gut' Nacht,
mit Rosen bedacht,
mit Näglein besteckt,
schlupf unter die Deck'.
Morgen früh, wenn Gott will,
wirst du wieder geweckt.
Morgen früh, wenn Gott will,
wirst du wieder geweckt.

Die verlorene Geldbörse

|: Das Wandern ist des Müllers Lust, :|
das Wandern!
Das muss ein schlechter Müller sein,
|: dem niemals fiel das Wandern ein, :|
das Wandern.
Das Wandern, das Wandern, das Wandern.

|: Vom Wasser haben wir's gelernt, :|
vom Wasser!
Das hat nicht Ruh bei Tag und Nacht,
|: ist stets auf Wanderschaft bedacht, :|
das Wasser.
Das Wasser, das Wasser, das Wasser.

|: Das seh'n wir auch den Rädern ab, :|
den Rädern!
Die gar nicht gerne stille steh'n
|: und sich bei Tag nicht müde dreh'n, :|
die Räder.
Die Räder, die Räder, die Räder.

|: Die Steine selbst, so schwer sie sind, :|
die Steine!
Sie tanzen mit den muntern Reih'n

|: und wollen gar noch schneller sein, :|
die Steine.
Die Steine, die Steine, die Steine.

|: O Wandern, Wandern, meine Lust, :|
o Wandern!
Herr Meister und Frau Meisterin,
|: lasst mich in Frieden weiterzieh'n :|
und wandern.
Und wandern, und wandern, und wandern.

Unverhoffter Besuch

Hänschen klein
ging allein
in die weite Welt hinein,
Stock und Hut
steht ihm gut,
ist gar wohlgemut.
Aber Mutter weinet sehr,
hat ja nun kein Hänschen mehr!
Da besinnt
sich das Kind,
läuft nach Haus geschwind.

Sieben Jahr,
trüb und klar,
Hänschen in der Ferne war.
Da besinnt
sich das Kind,
eilet heim geschwind.
Doch nun ist's kein Hänschen mehr,
nein, ein großer Hans ist er,
braun gebrannt
Stirn und Hand.
Wird er wohl erkannt?

Eins, zwei, drei
geh'n vorbei,
wissen nicht, wer das wohl sei.
Schwester spricht:
„Welch Gesicht",
kennt den Bruder nicht.
Doch da kommt das Mütterlein,
schaut ihm kaum ins Aug' hinein,
spricht sie schon:
„Hans, mein Sohn!
Grüß dich Gott, mein Sohn!"

Wahrheitsliebe

Summm, summ, summ! Bienchen summ herum!
Ei, wir tun dir nichts zuleide,
flieg nur aus in Wald und Heide!
Summm, summ, summ! Bienchen summ herum!

Summ, summ, summ! Bienchen summ herum!
Such in Blumen, such in Blümchen
dir ein Tröpfchen, dir ein Krümchen!
Summ, summ, summ! Bienchen summ herum!

Summ, summ, summ! Bienchen summ herum!
Kehre heim mit reicher Habe,
bau uns manche volle Wabe!
Summ, summ, summ! Bienchen summ herum!

An der Ostsee

Wem Gott will rechte Gunst erweisen,
den schickt er in die weite Welt,
dem will er seine Wunder weisen
in Berg und Wald und Strom und Feld.

Die Trägen, die zu Hause liegen,
erquicket nicht das Morgenrot,
sie wissen nur von Kinderwiegen,
von Sorgen, Last und Not um Brot.

Die Bächlein von den Bergen springen,
die Lerchen schwirren hoch vor Lust,
was sollt' ich nicht mit ihnen singen
aus voller Kehl' und frischer Brust?

Den lieben Gott lass' ich nur walten;
der Bächlein, Lerchen, Wald und Feld
und Erd' und Himmel will erhalten,
hat auch mein' Sach' aufs Best' bestellt.

Schneevergnügen

Schneeflöckchen, Weißröckchen,
wann kommst du geschneit,
du kommst aus den Wolken,
dein Weg ist so weit.

Komm, setz dich ans Fenster,
du lieblicher Stern,
malst Blumen und Blätter,
wir haben dich gern.

Schneeflöckchen, du deckst uns
die Blümelein zu,
dann schlafen sie sicher
in himmlischer Ruh'.

Weihnachtsfeier

Ihr Kinderlein kommet, o kommet doch all'!
Zur Krippe her kommet in Bethlehems Stall,
und seht, was in dieser hochheiligen Nacht
der Vater im Himmel für Freude uns macht.

O seht in der Krippe, im nächtlichen Stall,
seht hier bei des Lichtleins hellglänzendem Strahl
in reinlichen Windeln das himmlische Kind,
viel schöner und holder, als Engel es sind!

Da liegt es, ihr Kinder, auf Heu und auf Stroh,
Maria und Joseph betrachten es froh;
die redlichen Hirten knien betend davor,
hoch oben schwebt jubelnd der Engelein Chor.

O beugt, wie die Hirten, anbetend die Knie;
erhebet die Hände und danket wie sie!
Stimmt freudig, ihr Kinder, wer sollt' sich nicht freu'n?
Stimmt freudig zum Jubel der Engel mit ein!

Heiligabend

O du fröhliche, o du selige,
gnadenbringende Weihnachtszeit!
Welt ging verloren, Christ ward geboren:
Freue, freue dich, o Christenheit!

O du fröhliche, o du selige,
gnadenbringende Weihnachtszeit!
Christ ist erschienen, uns zu versühnen:
Freue, freue dich, o Christenheit!

O du fröhliche, o du selige,
gnadenbringende Weihnachtszeit!
Himmlische Heere jauchzen dir Ehre:
Freue, freue dich, o Christenheit!